एहसास

सविता शेखर

आदरणीय माँ -पापा को समर्पित

अलग अलग शहरों से समेटे हुए अपने अहसासों को एक किताब का रूप देना मेरे लिए एक बड़ी उपलब्धि है ।मैं अपने परिवार के सदस्यों का आभार प्रकट करती हूँ जिन्होंने मुझे लिखते रहने के लिए प्रोत्साहित किया और इसे एक किताब का रूप देने में सहयोग किया।

क्रम-सूची

क्रम-सूची

अध्याय1

नमन

यह कविता मेरे घर के आदरणीय पूर्वजों को समर्पित

जब स्वतंत्रता की चिंगारी उठी,

लोगों में प्रेरणा जगाने को,एक नई सुबह दिखलाने को,

क्रांति बिहारी आए थे।

सीमाओं की रक्षा करने,देश सेवा के लिए,

अपने कर्तव्य पथ पर चलने को

बिपिन बिहारी आए थे।

मानवता की रक्षा करने, बहुमुखी प्रतिभा के धनी,

वो प्रेरणा स्त्रोत,सबको नई राह दिखाने को

बिनोद बिहारी आए थे।

जन जन की सेवा करने को, लोगों के दिलों में बसने को,

कैलाश बिहारी आए थे।

अध्यात्म के चरम शिखर पर रहने वाले,

अपनी मौन साधना के दम पर ,

लोगों में शक्ति भरने को,

प्रमोद बिहारी आए थे।

वायु से भी प्रखर बुद्धि, ऊंची उड़ान भरने वाले,

तेजस के निर्माता वो,जन जन में शिक्षा का दीया जलाने,

पद्म श्री सम्मान पाने को,मानस बिहारी आए थे।

हे! मात - पिता तुम धन्य हो ,

जिन्होंने ऐसे रत्न जने,

बौर भूमि आज धन्य हुई , जहां जन्मे लाल कई,

इस देश का मान बढ़ाने को।

आने वाली पीढ़ी के, कंधों पर

है दायित्व कठिन,
अपने पूर्वजों के दिखलाए मार्ग पर ,
अग्रसर हों ,नई पीढ़ी को तराशें,
इस देश का भविष्य उज्ज्वल करने को।।

अध्याय 2

अंतरिक्ष की सैर

चलो अंतरिक्ष की सैर कर आएँ।
जगमग सितारों के पार हो आएँ।
कहीं दिख जाए सूरज का सातवां घोड़ा,
तो हम भी उसपर सवार हो जाएँ।
देखें जो यान की खिड़की से अद्भुत नज़ारा,
मंगल पर जाएं, या शनि का दीदार कर आएँ!
कोई धूमकेतु जो हमें छू जाए,
या दूर खड़ा चाँद, हमें देख मुस्कुराए।
जो मिल जाए कोई उड़न तश्तरी,
तो एक और सौर मंडल को हम ढूंढ आएँ।
वहाँ के प्राणियों से हम दोस्ती कर आएँ,
और धरती पर आकर, उनकी कहानी सुनाएँ,
और धरती पर आकर,उनकी कहानी सुनाएँ।

अध्याय 3

चमक

वो सूरज है ,तो चमकेगा ही,
तुम सितारों सा ,जगमगाओ तो सही।
वो चाँद है,उजियारा फैलायेगा ही।
तुम भूले भटके राही को,
रास्ता दिखाओ तो सही।
तुम दुनिया को अपनी चमक से रौशन करो,
ऐसा कुछ काम करके दिखाओ तो सही।
ये दुनिया, नत्मस्तक होगी तुम्हारे नाम के आगे,
कुछ जज़्बा ऐसा दिखाओ तो सही।

अध्याय4

यात्रा

यूँ तो कई लोग मिले हैं,
जिंदगी के सफर में।
कोई बेहद खूबसूरत,
की नज़र ठहर जाए,
कोई अपने काम में मशगूल,
जिसका जीवन एक शहर से दूसरे शहर,
यात्रा में ही कट जाए।
किसी का हुनर बढ़ चढ़ कर सामने आये।
कोई दो वक़्त की रोटी,
बामुश्किल जुटा पाए।
कोई गुमसुम उदास बैठा,
खिड़की से बाहर नज़रे टिकाए।
कोई खुश हो ,
प्रियतम की याद में गुनगुनाए।
यूँ तो जिंदगी के सफ़र में ,
हैं हम सभी,
जाने कौन किस मुकाम तक
पहुँच जाए।
इस दुनिया या उस दुनिया में,
जाने कब किस मोड़ पर ईश्वर से ,
हमारा साक्षात्कार हो जाए।

अध्याय5

अनुभूति

कुछ जगह रूह में उतर जाती है,
जैसे रिश्ता पुराना हो कोई।
ये पहाड़, ये रास्ते या ,पुराना किला हो कोई।
वहाँ से गुज़रती हवा,
जब छूकर निकल जाती है हमें,
तन मन में एक सिहरन सी पैदा कर जाती है।
हर नदी, हर पहाड़,हर दरख़्त, हर रास्ता,
कुछ कहना चाहती हो जैसे....
तुम आज आये हो?
तुम पहले भी रहते थे यहाँ।
तुमसे इक गहरा पुराना रिश्ता है कोई।
जी करता है कुछ देर बैठूं और महसूस करूँ,
उस जगह की रूहानियत को,
और कोशिश करूँ, इस रिश्ते को समझने की।
भूले बिसरे बचपन की,या हो पिछले जनम की,
एक पुराना रिश्ता हो कोई...

अध्याय6

ईश्वर की रचना

ईश्वर की इस संरचना को,
देख पुलकित होता है मन,
धरती, नदी, पहाड़ गगन।
ये वृक्ष घनेरे पृथ्वी पर,
नदियों में पानी बहे कल कल,
नभ की हर छटा सुहानी लगती है।
सुबह का गगन देदीप्यमान,
तारों से सजी,
हर रात सुहानी लगती है।
हर कोना इस धरती का,
किसी चित्रकार की कल्पना कोई।
स्वर्ग से उतारे होंगे,
विशिष्ट संतराश कई,
ईश्वर से बन पाई होगी,
पृथ्वी सी अद्भुत कलाकृति कोई।

अध्याय 7

नदी का सफ़र

नदियाँ जो पृथ्वी पर बहतीं
पहाड़ों की चोटी से निकलतीं
उद्गम इनका एक बूँद से है होता
कल कल करती धरती पर आतीं
पत्थर से टकरातीं
उछलती नाचती, यौवन समेटे
मैदानों में कदम है रखती
एक पतली धार से
कहीं विशाल नदी बन जातीं
जीवन को संचालित करतीं
नई ऊर्जा, पशु पक्षी और पेड़ों में भरतीं
कई देशों और शहरों का भ्रमण करतीं
कभी सीमा में रहकर तो कभी असीमित
कल कल छल छल आगे बढ़तीं
सागर से मिलन की आस लिए
उसकी विशालता देख मंत्रमुग्ध हो जातीं
धीरे धीरे कदम बढ़ाती
सागर से मिलने पर इसकी चंचलता शांत हो जाती
पहाड़ों से समंदर तक के सफर को पूरा करती।

अध्याय 8

साथ

कुछ कहानी तुम सुनाओ,
कुछ कहानी हम सुनाएँ।
चलो गुफ्तगु को कुछ और बढ़ाएँ,
की यादों का पिटारा, खुल जाय,
यूँ दिलों का,
की कुछ तुम बताओ,
और कुछ हम बताएँ।
की यादों के जंगल में सूझता नहीं कुछ,
एक रास्ता तुम बनाओ,
एक रास्ता हम बनाएँ।
दिखे दूर तक जब ना कोई किनारा,
एक रोशनी तुम जलाओ,
एक रोशनी हम जलाएँ।
की जब तुम्हें हो कोई मुकाम हासिल,
कुछ तुम मुस्कुराओ,
कुछ हम मुस्कुराएँ।

अध्याय9

जीवन का ध्येय

अंतर्मन की जलती लौ को,
अब बुझा सकता है कौन?
अंतर्मन की इस दुविधा को,
या मैं जानूँ या जाने वो।
की राह पकड़ कर कौन चलूँ मैं,
अपने ध्येय को प्रमुख रक्खूँ,
और दुविधाओं को कर दूँ मैं गौण?
की अपने दिल की बात कहूँ मैं,
या रह जाऊँ मैं मौन?
उनकी उम्मीदों को पूरा करते,
कहीं छूट न जाए अपने सपने,
पर मन कहे, दिल कठोर कर,
अगर पाना चाहे अपना लक्ष्य।
की साहसी व्यक्ति अपने सपनों को,
पीछे नहीं धकेला करते,
ना-उम्मीदी को पीछे रख कर,
अपने सपनों को पूरा करते।
नहीं चलेगी इतनी भावुकता,
अब पर्यंत मन की कर ले,
पूरे करले अपने सपने।
तु उम्मीदों की छलांग लगा ले,
और पा जायेगा अपना ध्येय।
सफलता चूमेगी कदम ,

होगी हर तरफ जय जय।
सफल व्यक्ति का जीवन वो है,
हर निराशा को दूर भगाकर,
जो अंतर्मन की लौ जलाये रखते।

अध्याय 10

एक प्याली चाय की
एक प्याली चाय पीकर,
तन मन प्रफुल्लित हो जाए ।
सुबह उठकर काम करने का,
एक हौसला आ जाए।
अपने मकसद को पाने का
जोश मन में भर जाए।
एक प्याली चाय,
जो दूसरे को परोसी जाए,
कई कहानी बुने और,
दोस्ती की शुरुआत हो जाए।
एक प्याली चाय पिलाकर
सामने वाले को अपनी
दिल की बात बताने का
बहाना मिल जाए।
एक प्याली चाय पियें,ज़रूर अपनों के साथ
फिर ये मौका जिंदगी में
आये न आये?
चाय और समोसे की दोस्ती है निराली,
की न भाए हमें आलू बिन समोसा,
और अदरक बिन चाय की प्याली।
एक प्याली चाय के चर्चे हैं बड़े,
एक गरीब को भी सरताज बनने का,
सपना दिखाया जाए!

अध्याय 11

सितारे

कुछ सितारे जो ज़मीं पर उतर आते हैं,
अपनी चमक बिखेरते हैं,
और आसमां में चले जाते हैं।
ये टिमटिमाते सितारे,
भगवान के कुछ खास होते हैं।
चमकना है इन्हें इस दुनिया जहाँ में,
और रौशन करना है हर दिल को,
दिखाना है अपना हुनर इस जहाँ में,
जिन्हें मोहब्बत लोग बेशुमार करते हैं।
चाहिए नहीं कोई दौलत इन्हें,
सिर्फ अपना फन है बिखेरना,
और लोगों के दिलों में है बस जाना,
सच है ,ये भी काम कमाल करते हैं।
जानते हैं किस लिए आए इस धरती पर,
ईश्वर का आदेश मानते हैं,और काम बेमिसाल करते हैं।
यूँ तो हर किसी में इक सितारा छिपा होता है,
सब का सितारा चमकता है जब वक़्त आता है,
अपने हुनर को तराशें, की आसमां में जाने से पहले,
हर कोई कहे, वो लोग भी खास होते हैं,
जो हर दिल में इक छाप छोड़ जाते हैं।
हर कोई जो आसमां को देखे और कहे,
ये सितारा था जो धरती पर आया था,
युगों युगों तक लोग जिन्हें याद करते हैं।

अध्याय12

भ्रमण

यात्रा कीजिए घुमिए फिरिए,
पर दिल पर बोझ ले कर नहीं।
जज़्बा हो लोगाँ से मिलने का,
नये एहसासों को छूने का,
नए पकवानों को चखने का,
नया स्वाद मुह में घुल जाने का।
अपने दिल के किवाड खोलिए,
लोगों को गले लगाइये,
पर मन में गांठ बाँध कर नहीं।
जब मन स्वछंद फिरेगा,
गलियों में, देशाँ में, फिज़ाओ में,
तभी तो रूबरू होंगे, आप नई संस्कृति से,
और समझ पाएंगे , अपनी संस्कृति को,
पर मन में सवाल लेकर नहीं।

अध्याय13

अंतिम बेला

जीवन की अंतिम बेला में,
हे! प्रिये जब होगा मेरा मिलन,
जब सांस टूट रही हो मेरी,
और मुँह से निकले न कोई वचन,
तुम हाथ जोड़ खड़े होना और,
प्रभु से करना ये वंदन,
की, जो भी मैंने कर्म किया,
हे! प्रभु वो आपकी प्रेरणा थी,
निज स्वार्थ नहीं कुछ मेरा था,
मैंने अपना कर्तव्य किया।
क्षमा करो हे! प्रभु मुझे,
गर भूल हुई हो कोई मुझसे ,
श्रीचरणों में शीश नवाउं,
चाहूँ जगत से मुक्ति मैं।
ये जीवन मेरा सफल रहा,
तभी प्रभु! समझूँगी मैं,
वैतरनी नदी तर जाऊँ ,
और बैकुंठ धाम मिले मुझको।

अध्याय 14

पतंग

रंग बिरंगे कितने सुंदर,
पतंग हवा में लहराए।
हर उड़ाने वाला चाहे,
पतंग न मेरी, कहीं कट जाए!
पर पतंग तो लहराती हवा में,
ऊँची उड़ना चाहे।
उसे न कोई डर कटने का,
वो तो उड़ती जाए।
हवा में लहराते पतंगों को देख,
बच्चों का मन ललचाए।
कभी इसकी , और कभी उसकी,
पतंग आगे उड़ जाए।
यह पतंग का खेल निराला,
बच्चे, बूढ़े और युवा, सबका मन हर्षाए।
की पतंग काटकर जीतने वाला,
खुद पर यूँ इठलाए,
जीत ली हो दुनियाँ उसी ने,
खुद पर गुरुर आ जाए।
रंग बिरंगे पतंग, हवा में जो उड़ते जाएँ।

अध्याय15

जीवन के आपाधापी में,
घर गृहस्थी के उलझन में,
रुठों को मनाने में,
सबको खुश कर जाने में,
कुछ बीत गयी, कुछ बीतेगी।
मेरे अनगीनत प्रयासों में,
कुछ छूट गया, कुछ छूटेगा।
मैं खो गई कहीं,
इस दुनिया के बवंडर में।
मुझमें मेरा कुछ रहा नहीं,
क्या कुछ मैने सहा नहीं,
क्या रखा है इन रिश्ते नातों में।
छोड़ चलूँ कहीं, इन बंधनों को,
नदियों और पहाड़ों में।
घूमना चाहूँ सन्यासी बन।
सोचूँ मैं, अविरल अनविरुद्ध,
इस धरती पर आने का सार है क्या?
इसके आगे भी संसार है क्या?
क्यों न खुद को पाने को ,
निकल पड़ूँ बैरागी बन,
अस्तित्व की खोज करे मेरा मन।

अध्याय16

भारत के वीर

सीमा पर जो वीर डटे,
क्या जज़्बा उनको प्रेरित करता ।
अपने प्राण न्योच्छावर कर दें,
नित नये आयाम गढ़ें।
सर्द हिमालय की चोटी हो,
हर सांस जहाँ बामुश्किल आती हो।
रेगिस्तानी गर्म हवा हो,
शरीर को जो जलाती हो।
या सागर का चीर के सीना,
आक्रमण से दुश्मन घबराता हो।
या अपने लक्ष्य पर, बाज़ की दृष्टी लिए,
तीव्र गति से दुश्मन को भेद,
स्वच्छन्द् हवा में उड़ना हो।
अपनों की याद को पीछे छोड़,
सेवा करते मातृभूमि की,
जागते रहते प्रहरी बन,
ताकि सुरक्षित रहें,आप और हम।

अध्याय 17

पलाश

ये पलाश के फूल खिले हैं,
जंगल और पठारों में।
लाल, नारंगी और सिंदूरी,
रास्तों और बियाबांनो में।
मन को क्यों आकर्षित करते।
वृक्ष जब ढक जाते पलाश के फूलों से,
तभी तो जंगल के अंगार कहलाते।
ये दहकते शोलों जैसे,
प्रकृति की शोभा बढ़ाते ,
बसंत के आगमन की याद दिलाते,
अपनी मनमोहक छटा बिखेरते,
और राज पुष्प कहलाते ।
ये जो पलाश के पुष्प खिले हैं,
जंगल और पठारों में।

अध्याय18

वजूद

जिंदगी का आईना दिखाया कई लोगों ने मुझे,

की मेरा वजूद है क्या, बताया कई लोगों ने मुझे।

ख़ुद को कम आंकना मेरी फ़ितरत नहीं,

कम आंक के बताया लोगों ने मुझे।

चट्टान सी फौलाद बनी हूँ मुश्किलों को सहकर,

जाने क्यों कमज़ोर बताया लोगों ने मुझे?

अपने हुनर और अपने आप पर नाज़ है मुझे,

गुरूर होता है मुझे अपने हर काम पर।

हैरान हूँ लोगों का रंग देख कर,

की दूसरों का फैसला सुनाने का,

हक दिया है किसने इन्हें?

ऐसा नहीं की हर इंसान,यहाँ परिपूर्ण है।

पर दूसरों को आंकने का,उनको कोई जुनून है।

देखना है तो अपनी,खूबी खराबी देखिये,

की ख़ुदा ने बनाया ,

इंसान जैसी क्या नायाब चीज़ है।

अध्याय19

बसंत

जीवन की नई शुरुआत हो,
दोस्तों का साथ हो,
कुछ हँसी की बात हो,
नये अनुभवों का सिलसिला हो,
और नये जज़्बात हों।
हवाओं में खुशबु घुली हो,
और संगीत का साज़ हो,
हर तरफ कलियाँ खिली हों,
तो बसंत का आगाज़ समझ लो।
फूल पर मंडराते ये भौंरे,
सबके चेहरे खिले हुए से,
प्रकृति नव यौवन समेटे,
नई उमंग नये अहसास लिए,
यही तो बसंत की शुरुआत है।

अध्याय20

कविता

शब्दों को नाज़ुक डोर में ,
पिरोने से बन जाती है कविता।
सुंदर सा एहसास है ये,
हर व्यक्ति का , मनोभाव है ये।
हर अल्फ़ाज़ नया,हर रस भी नया,
हर अनुभव नया,हर विचार नया।
दुख के सागर की, चित्कार है कविता।
देश प्रेम का, उद्गगार है कविता।
हँसी ठहाकों की , फुहार है कविता।
लय और तुकबंदी का, सार है कविता।
कवि की भावनाओं का, संसार है कविता।
हर्ष से ओत- प्रोत, हो जाता कवि मन,
जब तालियों की गड़गड़ाहट में,
सुनाई जाती उसकी कविता।

अध्याय21

भारतवर्ष

भारतवर्ष अखंड हो,
देश प्रेम प्रचंड हो,
ललकार भरे दुश्मन यदि,
तो भीषण फिर द्वंद्व हो।
आपस में प्रेम हो,
स्वाभिमान सर्वोपरि हो,
और न कोई घमंड हो।
न राग हो न द्वेष हो,
न उन्माद हो ,न विलाप हो,
तुम मनुष्य हो, मानवता दिखाओ,
इसमें न कोई अंतर्द्वंद्व हो।

अध्याय22

आत्म सम्मान

इस दुनिया में है जन्म लिया ,
तो इक मुकाम बनाना पड़ता है।
लाखों तुममें हुनर सही पर इक नाम बनाना पड़ता है।
होंगे तुममें लाखों गुण, और होगी तुम्हारी सीरत अच्छी,
हीरे का कोई मोल नहीं ,उसको चमकाना पड़ता है।
घर बैठे यूँ ही नहीं सूरमा पैदा होते,
दिलों में जलती चिंगारी को आग बनाना पड़ता है।
कई लोग यहाँ हैं जो, खुद को अपना कहते हैं,
पर उनकी इज़्ज़त पाने को भी, बहुत कुछ खोना पड़ता है।
हौसला यदि हो खुद पर तो, कोई राह नहीं मुश्किल ,
लोगों के लाखों बोल सुनकर भी, इक नाम बनाना पड़ता है।
जब तक न तुमने सफलता पायी,
तब तक अनसुने रहोगे तुम, हर बात तुम्हारी सुनी जाए,
सबको अपना महत्व बताना पड़ता है।

अध्याय23

हवाई यात्रा

हवाई जहाज की खिड़की से देखा ये नज़ारा,
टिमटिमाते सितारों को किसी ने ज़मीं पर है उतारा,
झिलमिलाता सा खूबसूरत शहर है हमारा।
की असंख्य जुगनुओं की रोशनी में नहाया हुआ शहर हो कोई,
जो मुसाफ़िरों को रास्ता दिखाता हो कोई।
जाने पहचाने रास्तों में एक नई राह निकल आई हो कोई,
जो शहर की भीड़भाड़ से आसमां तक सितारों की जाती हो लड़ी,
कुछ जुगनुओं ने अठखेलियाँ करनी शुरू कर दी हो कोई,
कोई कौतूहल से भरा मुसाफ़िर जो चल पड़े इन रास्तों पर,
तो पा जाए सितारों से जगमगाता एक मुकाम,
खुद भी चले औरों को भी दिखाये,
की कैसे रोशनी से भरी इक नई राह बनी है कोई।
हवाई जहाज से दिखता है ये मनमोहक नज़ारा।

अध्याय 24

जन्मदिन

हर गुज़रती उम्र के साथ,
टूट जाता है एक मोह का धागा।
सोचते हैं ढलती उम्र के साथ,
की हमने क्या खोया क्या पाया।
थे जो हमारे दिल के अज़ीज़,
क्यों मोह टूट गया अब उनसे।
क्यों अंतर्मन में मैं ये सोचूँ,
क्यों खुद को पाना चाहूँ।
जब मोह टूटता है सबसे,
तब मिलता है मन रब से।
इस दुनिया में कई लोग मिले,
कुछ अजब मिले कुछ गज़ब मिले।
पर ढूंढ रहा है क्या ये मन,
की मुझको कुछ नायाब मिले।
सबका रवैय्या शासक सा,
जो अपनी हुकूमत करना चाहे।
मैं ढूंढ रहा दुनिया की भीड़ में,
की मुझको कोई इंसान मिले।
जो मुझसा सीधा साधा हो,
जो मेरे साथ हँसे, और मेरे साथ रो ले,
मैं जहाँ चलूँ साये जैसा साथ चले।
जिसकी हर बात में एक बेबाकी हो,
मेरे अंदर बैठा,मुझको वो भगवान मिले।

गर मोह बांधना है तुमको,तो बांधो अपने मन को।
कोई न इस धागे को तोड़ सके।
ये सच्चा धागा प्रीत का, जो बांधे उससे हमको,
ऐसा कोई आस मिले, ऐसा कोई विश्वास मिले।

अध्याय 25

देवत्व

भगवान को तु ढूंढ खुद में,
अपने अंदर देवत्व जगा।
अपनी आत्मशुद्धि कर,
मन को इतना सरल बना।
बुद्धि, ज्ञान, कला प्रखर हो,
मन में नई ऊर्जा भर जाए,
तु भी पूजनीय बन जाए, तु गणपति बन जाए।
हे! देवी तु नई ऊर्जा का संचार कर,
तु सौम्या बन, तु गौरी बन,
तु उमा, पार्वती, कामाक्षी बन,
इस दुनिया का प्रजनन कर,
तु पोषण कर, तु अन्नपूर्णा बन,
कमज़ोर नहीं तु भक्तों की रक्षक बन,
खुद में तु शक्ति जगा,
तलवार उठा तु दुर्गा बन
तेरे स्वाभिमान को जो ललकारे,
रौद्र रूप तु धारण कर,
तु महाकाली का रूप दिखा।
हे! मनुष्य तु मानवता में सर्वश्रेष्ठ बन,
सर्वोच्च सरलता, शांति और ज्ञान का प्रतीक बन,
महान योगी बन, गृहस्थ, बन,
इनमें अद्भुत सामंजस्य बिठा,
कभी हलाहल पीकर नीलकंठ बन,

कभी साथी से प्रेम को अमर और शाश्वत बना।
परमसत्ता , परमशक्ति को पाने का प्रयास कर,
सबके लिए समान भाव रख,
जीवन में संगीत भर, हर स्तिथि का आनंद ले,
तु खुश होकर नृत्य कर नटराज बन।
तु निराकार, परब्रह्म, सर्वव्यापी, महादेव बन।
तेरी उपमा देना मुश्किल हो,
पुरुषों में अद्वितीय हो,
धर्मज्ञ, दृढप्रतिज्ञ, गुणवान हो,
विवेकशील, सहज, विद्वान हो,
सामर्थ्य शाली, शांत और कांतिमान हो,
मर्यादा पुरुषोत्तम तुम प्रभु श्री राम हो।
अतुलित बलशाली बनों पर,
मन, कर्म, वाणी पर संतुलन रहे,
ज्ञान, बुद्धि, विद्या अपार हो,
कार्यकुशलता और निपुणता अनूठी हो,
तुम में अद्भुत साहस हो,
संकटमोचन, अंजना नंदन, वायुपुत्र,
तुम महाबली, शंकर सुवन, बजरंगबली, रामदूत हनुमान हो।
ऐसे तुम मार्गदर्शक बनों, की मानवता के नायक बनों,
व्यवहार में निर्भिकता और पारदर्षिता हो,
न ही कोई कुटिलता हो।
चिंता, निराशा या शोक का न भाव हो,
तुम महाशक्तिशाली बनो पर
श्री राम पर परम भक्तिभाव हो।
तुम रामप्रिय हनुमान बनो।
कान्हा, गोविंद, अच्युत, वसुदेव, मधुसूदन हैं जिनके नाम,
पार्थ, मुकुंद, केशव, माधव और ईशान।
जिनका शाश्वत प्रेम, राधारानी के साथ पूजा जाता।

जो हैं सोलह कलाओं में निपुण,
संपूर्ण जगत के स्वामी वो,
संपूर्ण सृष्टि का संचालन करते,
फिर भी अहंकार का भाव न आता।
जो अपनी मोहक वाणी और,
मधुर बंसी की धुन में सबको बांध लेते।
सबको अपने वश में करते,
पर स्वयं उच्च कोटि के योगी हैं।
जो कोई इनका बन कर आता, मनवांछित फल वो पाता।
तुम अपने व्यक्तिव का विकास करो
अपने अंदर इतनी खूबी भर दो,
देवत्व का गुण जगा लो,,तने तुम महान बनो।

www.ingramcontent.com/pod-product-compliance
Lightning Source LLC
Chambersburg PA
CBHW022039150726

47990CB00004B/1531